EMG3-0112
合唱楽譜<J-POP>
J-POP
CHORUS PIECE

合唱で歌いたい！ J-POPコーラスピース

混声3部合唱

あとひとつ

作詞・作曲：FUNKY MONKEY BABYS、川村結花　合唱編曲：西條太貴

【この楽譜は、旧商品『あとひとつ（混声3部合唱）』（品番：EME-C0026）とはアレンジが異なります。】

ELEVATO
MUSIC ENTERTAINMENT

ELEVATO
MUSIC ENTERTAINMENT

合唱で歌いたい! J-POPコーラス

J-POP
CHORUS PIECE

あとひとつ

作詞・作曲：FUNKY MONKEY BABYS、川村結花　合唱編曲：西條太貴

7
ねがいがかなう そのとき がくーるってー ぼく はしんじてるからー きみも
ねがいがかなう そのとき がくーるってー しんじ てるー か
ねがいがかなう そのとき がくーるってー ぼく はしんじてるからー きみも
Cm Cm7/B♭ F7/A A♭ B♭ G/B Cm Gm
10
あきらめないでいて なんどでもこの りょうて を あのそらへ
ら あきらめなーいで この りょうて を あのそらへ
あきらめないでいて なんどでもこの りょうて を あのそらへ
A♭ A♭/B♭ E♭ B♭/D Cm Cm7/B♭ F7/A A♭ B♭7sus4
13 B
ー
ー
ー
B Cm A♭m B♭ E♭ B♭/D Cm Cm7/B♭ F7/A

16
C
mp
あのひも こんななつだった すなまじりのかぜがふいてた
B♭7sus4 B♭
C E♭sus4/A♭ A♭/B♭ E♭/G E♭sus4/A♭
p
19
mp
ゆうひがまぶしくて Uh Uh
グランドのまうえのそら ゆうひがまぶしくて Uh Uh
mp
どこまでがんばればいいんだ
A♭/B♭ Cm Gm A♭add9 A♭/B♭
mp
22
Uh Uh
そんなときおなじめをした きみにであったんだ
Uh Uh
そんなときおなじめをした きみにであったんだ
ぎゅっとくちびるをかみしめた
そんなときおなじめをした きみにであったんだ
E♭/G E♭sus4/A♭ A♭/B♭ Cm Gm

25
D
mf
そう かんたんじゃ な い から こ そー ゆ め はー こんな に か が や く ん だとー
mf
そう ー ー ー Oo Oo
mf
そう Oo そ
D
A♭add9 E♭/G Fm7 Gaug G7 Cm Cm7/B♭
mf
29
cresc.
f
そ う き み の こ と ばー い ま で もむーねにー だき し め て るよー あ と
cresc.
f
い ま で もむーねにー だき し め て るよー あ と
cresc.
f
う あのひ の き み の こ と ばー む ね にー だき し め て るよー あ と
A♭add9 E♭/G Fm7 G
33
E
ひ と つ ぶ の な み だで ひ と こ と の ゆ う き で ね が い が か な う そのと
ひ と つ ぶ の な み だで ひ と こ と の ゆ う き で ね が い が か な う そのと
ひ と つ ぶ の な み だで ひ と こ と の ゆ う き で ね が い が か な う そのと
E
Cm Gm A♭ B♭7 E♭ B♭/D Cm Cm7/B♭ F7/A
f

36
きがくーるってー ぼく はしんじてるからー きみも あきらめないでいて
きがくーるってー しんじてるーから あきらめなーい
きがくーるってー ぼく はしんじてるからー きみも あきらめないでいて
A♭ B♭ G7/B Cm Gm A♭ B♭7 E♭ B♭/D
39
F
なんどでもこのりょうてを あのそらへー のばして
で このりょうてを あのそらへー のばして
なんどでもこのりょうてを あのそらへー のばして
Cm Cm7/B♭ F7/A A♭ Fm7/B♭ F Cm A♭m
sempre f
42
ー あのそらへー
ー あのそらへー
mp
ー あのそらへー いつ
B♭ E♭ B♭/D Cm Cm7/B♭ F7/A B♭7sus4 E♭

45
G
mp
き
mp
き
もどうしてもすなおになれずに じしんなんてまるでもてずに こうしゃのうらがわひとめをき
G
E♭sus4/A♭
A♭/B♭
E♭/G
E♭sus4/A♭
A♭/B♭
mp
48
にしてあるいてた だれかとぶつかりあうことを こころのどこかでとおざけた
にしてあるいてた だれかとぶつかりあうことを こころのどこかでとおざけた
にしてあるいてた
Cm
Gm7
E♭sus4/A♭
A♭/B♭
E♭/G
E♭sus4/A♭
51
H
mf
それはほんとうのじぶんを みせるのがこわいだけだったんだとー おしえてく
mf
それはほんとうのじぶんを みせるのがこわいだけだったんだとー
mf
みせるのがこわいだけだったんだとー
H
A♭/B♭
Cm7
Gm7
A♭add9
mf

54
れたのはー きみとー すごしたきょうまでのひびー
ーーー Oo Oo
Oo そ
E♭/G Fm7 Gaug G7 Cm Cm7/B♭
57
cresc.
そうくちにできたー なきたいくらーいのー ほん
なきたいくらーいのー ほん
うはじめてくちにできたー なきたいくらいほん
A♭add9 E♭/G Fm7
60
I
f
とうのゆめをー あとひとつのさかみちを ひとつだけのよるを
G Cm Gm A♭ B♭7 E♭ B♭/D

63
こえられた ならー わらえる ひ がくーるっ てー きょう もしんじてるからー きみも
こえられた ならー わらえる ひ がくーるっ てー しんじ てるー か
こえられた ならー わらえる ひ がくーるっ てー きょう もしんじてるからー きみも
Cm Cm7/B♭ F7/A A♭ B♭ G7/B Cm Gm
66
あきらめない でい て なんどでも こ の りょうて を あのそ らへ
ら あきら めなー い で こ の りょうて を あのそ らへ
あきらめない でい て なんどでも こ の りょうて を あのそ らへ
A♭ B♭7 E♭ B♭/D Cm Cm7/B♭ F7/A A♭ Fm7/B♭
69 J
non dim.
non dim.
non dim.
J
Cm CmM7/B Gm7/B♭ Am7(♭5) Fm7 G7

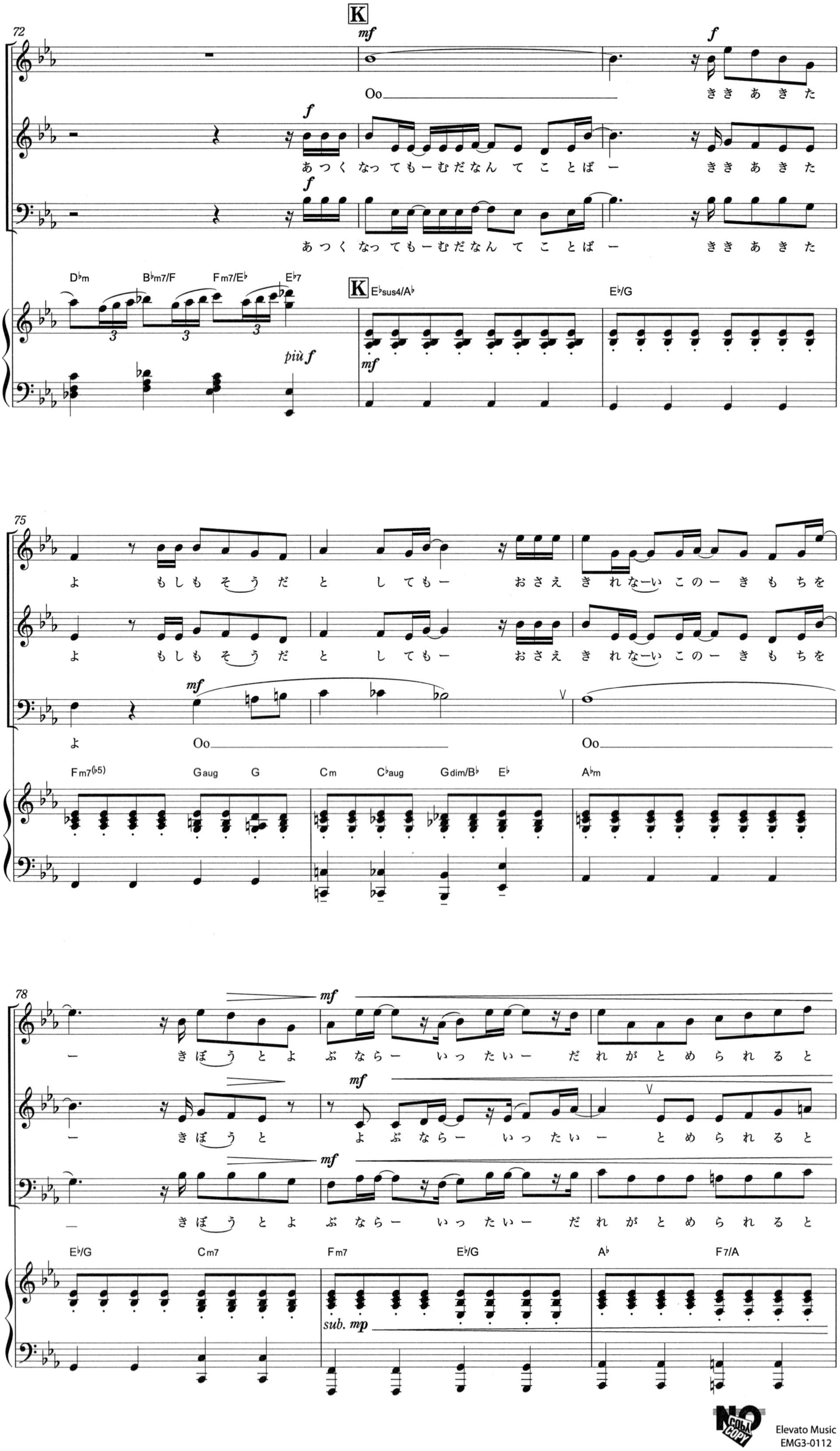
72
K
mf
f
Oo
ききあきた
あつくなってもーむだなんてことばー
ききあきた
あつくなってもーむだなんてことばー
ききあきた
D♭m
B♭m7/F
Fm7/E♭
E♭7
più f
E♭sus4/A♭
E♭/G
75
よ
もしもそうだとしてもー
おさえきれなーいこのーきもちを
よ
もしもそうだとしてもー
おさえきれなーいこのーきもちを
よ
Oo
Oo
Fm7(♭5)
Gaug
G
Cm
C♭aug
Gdim/B♭
E♭
A♭m
78
ー
きぼうとよぶならー
いったいー
だれがとめられると
ー
きぼうと
よぶならー
いったいー
とめられると
ー
きぼうとよぶならー
いったいー
だれがとめられると
E♭/G
Cm7
Fm7
E♭/G
A♭
F7/A
sub. mp

81
L
いう のだろう
あ と ひとつぶの な み だが
いう のだろう
いう のだろう
ひとことの ゆ う き が
A♭/B♭ B♭7 G7 Cm Gm A♭ Fm7/B♭ E♭ B♭/D
85
な く しかけたひ かりー きみが お
あしたをか えるー そのと きをみーたんだー
Hum.
Hum.
Cm7 Cm7/B♭ F/A A♭M7 B♭ G7/B Cm Gm
mp cresc.
88
もいださせ て く れ た あのひのけ しきー わすれ な ーい あ と
あのひのけ しきー わすれなーい あ と
あのひのけ しきー わすれ な ーい あ と
A♭ B♭7sus4 E♭ B♭/D Cm Cm7/B♭ Am7(♭5) A♭ A♭7

M
91
ひとつぶのなみだで ひとことのゆうきで ねがいがかなう そのと
ひとつぶのなみだで ひとことのゆうきで ねがいがかなう そのと
ひとつぶのなみだで ひとことのゆうきで ねがいがかなう そのと
M
C♯m G♯m A B7 E B/D♯ C♯m C♯m7/B F♯7/A♯
f
94
きがくーるってー ぼく はしんじてるからー きみも あきらめないでいて
きがくーるってー しんじてるーから あきらめなーい
きがくーるってー ぼく はしんじてるからー きみも あきらめないでいて
A B G♯7/B♯ C♯m G♯m A B7 E B/D♯
97
N
なんどでもこのりょうてを あのそらへー のばして
で このりょうてを あのそらへー のばして
なんどでもこのりょうてを あのそらへー のばして
C♯m C♯m7/B F♯7/A♯ A F♯m7/B
N
C♯m Am
sempre f

Elevato Music
EMG3-0112

MEMO

ELEVATO
MUSIC ENTERTAINMENT

あとひとつ

作詞：FUNKY MONKEY BABYS、川村結花

あと一粒の涙で　ひと言の勇気で　願いがかなう　その時が来るって
僕は信じてるから　君もあきらめないでいて
何度でも　この両手を　あの空へ

あの日もこんな夏だった　砂まじりの風が吹いてた
グランドの真上の空　夕日がまぶしくて
どこまで頑張ればいいんだ　ぎゅっと唇を噛みしめた
そんな時　同じ目をした　君に出会ったんだ

そう　簡単じゃないからこそ　夢はこんなに輝くんだと
そう　あの日の君の言葉　今でも胸に抱きしめてるよ

あと一粒の涙で　ひと言の勇気で　願いがかなう　その時が来るって
僕は信じてるから　君もあきらめないでいて
何度でも　この両手を　あの空へ　のばして　あの空へ

いつもどうしても素直になれずに　自信なんてまるで持てずに
校舎の裏側　人目を気にして歩いてた
誰かとぶつかりあうことを　心のどこかで遠ざけた
それは本当の自分を　見せるのが怖いだけだったんだと

教えてくれたのは　君と過ごした今日までの日々
そう　初めて口に出来た　泣きたいくらいの本当の夢を

あとひとつの坂道を　ひとつだけの夜を　越えられたなら　笑える日が来るって
今日も信じてるから　君もあきらめないでいて
何度でも　この両手を　あの空へ

あつくなっても無駄なんて言葉　聞き飽きたよ　もしもそうだとしても
抑えきれないこの気持ちを　希望と呼ぶなら
いったい　誰が止められると言うのだろう

あと一粒の涙が　ひと言の勇気が　明日を変えるその時を見たんだ
なくしかけた光　君が思い出させてくれた
あの日の景色　忘れない

あと一粒の涙で　ひと言の勇気で　願いがかなう　その時が来るって
僕は信じてるから　君もあきらめないでいて
何度でも　この両手を　あの空へ　のばして　あの空へ

ELEVATO
MUSIC ENTERTAINMENT

エレヴァートミュージックエンターテイメントはウィンズスコアが
展開する「合唱楽譜・器楽系楽譜」を中心とした専門レーベルです。

ご注文について

エレヴァートミュージックエンターテイメントの商品は全国の楽器店、ならびに書店にてお求めになれますが、店頭でのご購入が困難な場合、下記PC&モバイルサイト・FAX・電話からのご注文で、直接ご購入が可能です。

◎PCサイト&モバイルサイトでのご注文方法

http://elevato-music.com

上記のアドレスへアクセスし、WEBショップにてご注文ください。

◎FAXでのご注文方法

FAX.03-6809-0594

24時間、ご注文を承ります。上記PCサイトよりFAXご注文用紙をダウンロードし、
印刷、ご記入の上ご送信ください。

◎お電話でのご注文方法

TEL.0120-713-771

営業時間内に電話いただければ、電話にてご注文を承ります。